Alphabet Suite

Alfabeto Seleccionado

e-mail: **veronicaattheranch@hotmail.com**
website: veronicamichalowski.com

ISBN 978-1-7325336-2-2

ONE PLUS ONE Publications
1142 South Diamond Bar Blvd #500, Diamond Bar, California 91765 USA
Impreso en los Estados Unidos de Norteamérica

TAMBIÉN por la AUTORA

~ es un SKITHER!

~ ILUSTRANDO LITERATURA de NIÑOS

~ ARTES POÉTICAS
POESÍA ECFRÁSTICA

~ RETORNO A UN LUGAR NATAL
LA IMPORTANCIA DEL HOGAR

UNA FAMILIA de POESÍA
UNA MEMORIA

Con el Linguista Juan Luis Ramírez
~ **BODY LANDSCAPE**: The Delights and Dregs of Dating
~ **PAISAJE CORPORAL**: Las Delicias y las Heces de Salir a Citas
[Edítión de Inglés y Español]

e-mail: veronicaattheranch@hotmail.com
website: veronicamichalowski.com

ISBN 978-1-7325336-6-0

ONE PLUS ONE Publications
1142 South Diamond Bar Blvd #500, Diamond Bar, California 91765 USA
Printed in the United States of America

ALSO by the AUTHOR

~ it's a SKITHER!

~ ILLUSTRATING CHILDREN'S LITURATURE

~ARTS POETIC
EKPHRASTIC POETRY

~RETURN to a NATAL PLACE
The IMPORTANCE of HOME

~ONE FAMILY of POETRY
A MEMOIR

With Linguist Juan Luis Ramirez
~BODY LANDSCAPE: The Delights and Dregs of Dating
~PAISAJE CORPORAL: Las Delicias y las Heces de Salir a Citas
[English/Spanish Edition]

DEDICACIÓN

Este libro está dedicado a todos los que usan tipografía
tanto como a aquellos diseñadores que crean
los tipos de letras que usamos diariamente y en ocasiones especiales.
Ustedes hacen que nuestro trabajo aparezca tan original como los trazos
de su bolígrafo, stylus y ratón.

DEDICATION

This book is dedicated to all who use typography
as well as those designers who create
typefaces we use daily or on special occasions.
You make our work look as original as the strokes
of your pen, stylus and mouse.

RECONOCIMIENTOS

El aporte y la asistencia de muchos han hecho possible la creación de este libro.

Especiales gracias a mi amigo Juan Luis Ramírez, quien se tomó el tiempo y la paciencia de traducir esta poesía tan bellamente a su Castellano nativo y de hacer importantes sugerencias editoriales durante el proceso.

Luego, gracias a Katherine Leonard MFA, por su reseña de este libro y por su bella afirmación en la contratapa. Gracias a los miembros de Poesía por Placer, Publique antes de Perecer y Clases de Escritura Creativa de la California State University Programa OLLI de Fullerton por su continuo apoyo. Consideración especial debe dársele a Fritz von Coelln, Jeanette Reese y Keni Cox por dar una plataforma abierta para crear comentario valioso tanto como información técnica sobre publicación.

Mucho reconocimento a Ravens Poetry Group, Claremont, California, por su crítica reflexiva y constructiva sobre estos escritos. Ustedes hacen que los Viernes por la tarde sean atractiuos y así me han hecho una mejor poetisa.

A los amigos de por vida, a a los amigos recientes, gracias por su presencia a través de los años y por su apoyo inquebrantable a la creatividad.

A mi solidaria familia nuclear inmediata y extendida—ustedes son de lo mejor y añaden alegría a mi vida diaria.

ACKNOWLEDGMENTS

The input and assistance of many has made the creation of this book possible.

Special thanks to my friend, Juan Luis Ramirez, who took time and patience to translate this poetry so beautifully into his native Castillian and made important editorial suggestions during the process.

Then, to Katherine Leonard MFA, for her review of this book and supportive affirmation on the back cover. Thanks to the members of Poetry for Pleasure, Publish Before You Perish and Creative Writing classes at California State University, Fullerton's OLLI Program for your on-going support. Special consideration must be given to Fritz vonCoelln, Jeanette Reese, and Keni Cox for providing an open platform to create with valuable feedback as well as technical information on publishing.

Much recognition to the Ravens Poetry Group, Claremont. California, for your thoughtful, constructive critiques of these writings. You all make Friday afternoons engaging and have made me a better poet.

To friends, both life-long and recent, thank you for being present through the years and for your unwavering support of creativity.

To my supportive nuclear, immediate and extended family—you are the best and add joy to my life daily.

PREFACIO

Desde que aprendí de niña a hacer letras, la tipografía y el alfabeto occidental han sido mi amor y fascinación debido a sus dos funciones primarias—una herramienta de comunicación tanto como un elemento de diseño. El entender las formas, sonidos, y la historia de cada forma de letra con su multitud de fuentes de letras y a los diseñadores que las crearon ha sido un feliz viaje de por vida.

Presentado aquí hay un conjunto de 26 poemas de la A a la Z, cada uno en Inglés y en Español y representan las dos funciones de la tipografía. Obras de arte en medios diversos, creados durante el curso de mi vida tanto como citas coleccionadas durante el curso de mi vida están aquí incluidas para complementar la poesía.

Toda la poesía, pinturas, gráficos, diseños de tela, collages, monocopias, serigrafías, linograbados, creados por la Autora. Todas las fotografías y pintura en las página 93, creadas por otros. Los créditos completos empiezan en la página 120.

PREFACE

Since learning to print as a small child, typography and the Western alphabet have been a love and fascination of mine because of their two primary functions—a tool of communication as well as an element of design. Understanding the shapes, sounds and history of each letterform with its multitude of fonts and the designers who created them has been a joyous lifelong journey.

Presented here are a suite of 26 poems from A to Z, each in English and Spanish, and represent typography's two functions. Art work in diverse media, created during my lifetime, as well as collected quotations are included to complement the poetry.

All poetry, paintings, graphics, fabric designs, collages, monoprints, silk-screen prints and linocuts created by the Author. All photographs and painting on page 93, created by others. Full credits begin on page 120.

CONTENTS—CONTENIDO

I ask the poets to save me.
Carry me away on poems, to soften the harshness
of the world with words in beautiful assembly.

~ Reverend Kathleen Reeves, American poet

Pido a los poetas que me salven.
Llévenme lejos en poemas, para suavizar la dureza
del mundo con palabras en hermosa asamblea.

- Reverenda Kathleen Reeves, Poeta Estadounidense

ARIZONA DESERT

DESIERTO de ARIZONA

A human life is like a single letter of the alphabet.
It can be meaningless or it can be a part of great meaning.

~ Ann Lamott (via Jim Cox)

Una vida humana puede ser como una letra solitaria del alfabeto.
Puede ser insignificante o puede ser parte de un gran significado.

~ Ann Lamott (por medio de Jim Cox)

DESIERTO DE ARIZONA

Amplios brazos de bienvenida
de cactus de saguaro de Sonora
material arbolado de follaje bajo,

colinas marrones, montañas
que a millas se alzan del suelo arenoso
por la sola razón de alzarse—

grises, beiges, pautas de morado
suelo crudo irregular, aire cristalino
cielos más azules

todos inscriben el paisaje, forma
espacio, masivo
libertad íntima

desolación tierna.

ARIZONA DESERT

Wide-welcome arms
of Sonora saguaro cacti
low foliage wooded scrub,

brown hills, mountains miles
away rise from sandy floor
for no reason than to rise—

grays, beiges, hints of purple
uneven ecru soil, crystal air
bluest skies

all etch the landscape, shape
massive space
intimate freedom

tender desolation.

BEREFT, 1961

DESPOJADA, 1961

Treasure each other in the recognition that we do not know how long we shall have each other.
~ Joshua Loth Liebman

Atesorémonos el uno al otro reconociendo que no sabemos cuánto tiempo nos tendremos.
~ Joshua Loth Liebman

SERIAL NUMBER	1. NAME (Print)			ORDER NUMBER
1254	CHARLES (First)	William (Middle)	Michalowski (Last)	768

2. ADDRESS (Print)
Old Mt Kisco Road (Number and street or R. F. D. number) ARMONK (Town) West (County) N.Y. (State)

3. TELEPHONE	4. AGE IN YEARS	5. PLACE OF BIRTH	6. COUNTRY OF CITIZENSHIP
	31	OXFORD (Town or county)	
(Exchange) (Number)	DATE OF BIRTH: MAR (Mo.) 15 (Day) 1909 (Yr.)	NEW JERSEY (State or country)	U.S.A.

7. NAME OF PERSON WHO WILL ALWAYS KNOW YOUR ADDRESS	8. RELATIONSHIP OF THAT PERSON
Mrs (Mr., Mrs., Miss) CECELIA (First) Michalowski (Middle) (Last)	Mother

9. ADDRESS OF THAT PERSON
Butte Ave. (Number and street or R. F. D. number) Oxford (Town) New Jersey (County) N.J. (State)

10. EMPLOYER'S NAME
S. A. HEALEY & Co

11. PLACE OF EMPLOYMENT OR BUSINESS
14 FISHER LANE (Number and street or R. F. D. number) White Plains (Town) (County) N.Y. (State)

I AFFIRM THAT I HAVE VERIFIED ABOVE ANSWERS AND THAT THEY ARE TRUE.

REGISTRATION CARD
D. S. S. Form 1 (over) 16—17105

Charles W. Michalowski
(Registrant's signature)

DESPOJADA, 1961

Ella recorta flores de Junio
para el jarrón de cristal tallado

cuando un hijo más joven entra.
Carlos se ha ido, dice.

Destroza su vida—
ella alcanza una mano,

un abrazo, un hombro, solloza
para calmar la laceración

de su corazón dañado.
El mayor, él era

quien consoló a su moribundo
padre; quien ayudó a criar

a los restantes diez
niños; él fué

quien demoró su matrimonio
por trece años, quien

alentó a sus hermanos a enlistarse
el '41; se convirtió en el héroe de todos.

Como el jarrón, de corte biselado cicatrizado,
ella se siente sola, otra vez.

BEREFT, 1961

She snips June flowers
for the cut-crystal vase

when a younger son enters.
Charles is gone, he says.

Rips her life apart—
she reaches for a hand,

a hug, a shoulder, sobs
to soothe the laceration

to her damaged heart.
The oldest, he was the one

who comforted his dying
father; who helped raise

the remaining ten
children; he was the one

who delayed marriage
for thirteen years; who

encouraged his brothers to enlist
in '41; became everyone's hero.

Like the vase, bevel-cut scarred,
she feels alone, again.

CAROUSEL HORSE

CABALLITO de CARRUSEL

You don't make a photograph just with a camera. You bring to the act of photography all the pictures you have seen, the books you have read, the music you have heard, the people you have loved.
~ Ansel Adams, American photographer

No haces una fotografía sólo con una cámara. Traes al acto de la fotografía todas las fotos que has visto, los libros que has leído, la música que has oído, la gente que has amado.
~ Ansel Adams, Fotógrafio Estadounidense

CABALLITO DE CARRUSEL

Galantemente corres al oeste mirando ventanas
con vistas al patio lateral al Pacifico.
La cabeza volteada para vigilar a los de atrás

líder seguro con melena voladora
ojos amplios, fosas nosales abiertas, de esculpido y suave
torso de tilo, ensillado con riendas de cuero,

piernas de aluminio eres un *saltador*, casi
un siglo de edad—aún sin miedo con todos los cuatro
cascos en medio del aire.

Alegría de los niños visitantes que agarran el vertical
poste, rien con afecto, cantan cálidos deseos,
abrazan, murmuran deseos con sentido de maravilla.

Por años, un miembro de la familia,
parte de la vida diaria, celebraciones anuales.
Feriados festivos, decorados en Navidad

usando una corona de acebo. Cuando un extraño
entra, empieza a palpar tu cabeza, cola y soba
tus hombros, habla de números extraños,

los miembros de la familia están raramente quietos. Responden
con más números, y pronto chocan la manos.
El mundo se oscurece y tu interior semihueco

se vuelve vacío, madera convertida en astillas,
pensamientos de ser especial mueren una muerte lenta.
Tus vistas de patio, océano, palmera se acaban.

Te vendieron.

CAROUSEL HORSE

You gallantly run past west facing windows
overlooking the side patio to the Pacific.
Head turned to watch those behind,

confident leader, with flying mane
eyes wide, nostrils open, sculpted smooth
basswood torso, saddled with leather reins,

aluminum legs, you are a *jumper*, nearly
a century old—yet fearless with all four
hoofs in mid-air.

Joy to visiting children who grasp the vertical
pole, giggle with affection, sing warm wishes,
hug, whisper secrets with a sense of wonder.

For years, a member of the family,
part of every-day life, yearly celebrations,
festive holidays, decorated at Christmas

wearing a holly wreath. When a stranger
enters, begins to feel your head, tail and rubs
your shoulders, speaks of strange numbers,

family members are unusually quiet. They respond
with more numbers and soon hands are shaken.
The world darkens and your semi-hollow interior

becomes vacant, wood turning to chips,
thoughts of being special die a slow death.
Your views of patio, ocean, palm tree are over.

You are sold.

DAHLIA

DALIA

Every now and then one paints a picture that seems to have opened a door and serves as a stepping stone to other things.
~ Pablo Picasso, 20th Century Spanish painter, printmaker, sculptor, ceramicist

De vez en cuando uno pinta un cuadro que parece haber abierto una puerta y sirve de peldaño hacia otras cosas.
~ Pablo Picasso, pintor Español, grabador, escultor, ceramista del siglo XX

DALIA

roja gigante Reyna del Jardín
su alcance abruma
suave como el satén
se para soldadescamente erecta
en medio de vendavales
lloviznas, chubascos
empequeñece
a todas las demás

DAHLIA

giant red Garden Queen
reach overwhelms
smooth as sateen
stands soldier-erect
through gales
drizzles, showers
dwarfs
all others

EYRIE

NIDO

There is another alphabet, whispering from every leaf, singing from every river, shimmering from every sky.

~ Dejan Stojanovic, Serbian poet, writer, philosopher

Hay otro alfabeto, murmurando desde cada hoja, cantando desde cada río, reluciendo desde cada cielo.

~Dejan Stojanovic, poeta Serbio, escritor, filósofo

NIDO

Antes de que las hojas lo sepan
ocultarán el nido,
antes que las vainas sepan

su lugar en una ramita
con ojos magistrales los halcones
se elevan, eligen la perfecta

rama para construir un nido en la
corona de un sicómoro estéril.
Hembras y terceles buscan materiales

para erigir esta intrincada estructura:
tejen ramitas, cortezas, musgo manufactura
de hilos, hilo de vertederos,

a ochenta pies sobre el suelo;
crean un refugio ovoide, lejos
de los mapaches, culebras de abajo,

para incubar, desarrollar sus huevos,
alimentar polluelos, supervisar crecimiento
seguros de que sus jovenes tendrán

ventaja contra adversarios.
entonces los cielos se oscurecen, vientos
empiezan a aullar, lluvias caen verticalmente,

diagonalmente, vendavales las soplan
de costado a través del paisaje.
Las hojas del gallinero se mueven con el viento

al norte, luego al sur, este, oeste
una y otra vez. Las ramas cercanas
se agrietan, se rompen, bailan su ballet aéreo;

pinos de Monterey adyacentes se desarraigan,
se destruyen contra el tronco de sicómoro
antes de golpear contra el suelo saturado. Los halcones

vocean un grito agudo, abren
alas envuelven a su prole por horas
hasta que el huracán pasa.

El nido perdura.

EYRIE

Before leaves know
they will hide the roost,
before seed pods know

their place on a twig
with masterful eyes hawks
soar, choose the perfect

branch to build a nest in the
crown of a barren sycamore.
Hens and tercels hunt for materials

to erect this intricate structure: weave
twigs, bark, moss, man-made
threads, yarn from landfills together,

eighty feet above ground;
create an ovoid shelter, far
from raccoons, snakes below,

to incubate, hatch their eggs,
feed nestlings, oversee growth
certain their young will have

an advantage against adversaries.
And then the skies darken, winds
begin to howl, rains fall vertically,

diagonally, gales blow them
side-ways across the landscape.
Roost branches move with the wind

north, then south, east, west
again and again. Nearby limbs
crack, break, dance their air ballet;

adjacent Monterey pines uproot,
self-destruct into the sycamore trunk
before hitting saturated soil. Hawks

voice a high-pitched scream, open
wings, shroud their brood for hours
until this hurricane passes.

The eyrie endures.

FLAMING

LLAMEANTE

If the English Language made any sense, lackadaisical would have something to do with a shortage of flowers.
~ Doug Larson, American newspaper columnist and editor

Si el Idioma Inglés tuviera algún sentido, despistado tendría algo que ver con una escasez de flores,
~ Doug Larson, columnista y editor Estadounidense

LLAMEANTE

carmesí
Estrella de Belén
pétalos de Flor de Pascua

centros de ámbar amarillo
exhibidos
por hojas esmeralda

Corona de los Andes
alegoría
de Navidad
al universo

FLAMING

crimson
Star of Bethlehem
poinsettia pedals

yellow/amber centers
showcased
by emerald leaves

Crown of the Andes,
Christmas
allegory
to the universe

GROWING SEASON

ESTACIÓN de CRECIMIENTO

Do not ask your children to strive for extraordinary lives. Such striving may seem admirable, but it is the way of foolishness. Help them instead to find the wonder and the marvel of an ordinary life. Show them the joy of tasting tomatoes, apples and pears. Show them how to cry when pets and people die. Show them the infinite pleasure in the touch of a hand. And make the ordinary come alive for them. The extraordinary will take care of itself.
~ Poem by William Martin, The Parent's Tao Te Ching

No pidan a sus niños que se esfuercen para lograr vidas extraordinarias. Tal esfuerzo puede parecer admirable, pero es el camino a la tontería. En lugar de ello ayúdenlos a encontrar la maravilla de una vida ordinaria. Muéstrenles el gozo de probar tomates, manzanas y peras. Muéstrenles cómo llorar cuando mascotas y gente mueren. Muéstrenles el placer infinito de tocar una mano. Y hacer que lo ordinario viva para ellos. Lo extraordinario se arregla solo.
~ Poema por William Martin, El Tao Te Ching de los Padres

ESTACIÓN DE CRECIMIENTO

La madre de cinco nuestra a menudo decía, *No se cómo los hubiera alimentado a todos ustedes sin la huerta.* Era la gracia de salvación de nuestros padres y era lugar nuestro el aprender el suelo y a conservar los alimentos. La huerta nos centraba al reloj de la tierra y aprendimos que no se podía perder tiempo cuando llegaba la temporada de crecimiento y se iba por su propia voluntad.

Las semillas vegetales o las plántulas se plantaban temprano en la primavera tan pronto como el suelo se descongelaba. No era inusual sembrar varias filas de maíz en la sección trasera, tomates en estacas, pimientos, lechugas, cebollas al borde, judías verdes en postes, guisantes, repollo rojo, calabazas para Hallowe'en, zapallo, pepinos, ruibarbo para tartas, girasoles en el lado sur. Nuestra madre, cocinera y horneadora maravillosa, regularmente hacía almuerzos de emparedados de lechuga fresca y tomate con pan hecho en casa.

Con árboles frutales bordeando la huerta, teníamos suficiente fruta en conserva y congelada, productos de frutas, mermeladas y jaleas para aprovisionar nuestra familia de siete por el invierno y el año, Aún ahora sé el ejercicio de la fruta: fresas en Junio seguidas por la caída de las manzanas todo el verano, peras verdes, ciruelas moradas, albaricoques dorados, guindas, cerezas dulces, frambuesas y finalmente, dos variedades de uvas de la parra en Septiembre.

El primer año de producción fué 1954 y mientras crecíamos y nos íbamos al colegio, la huerta se hacía más pequeña. Pero fácilmente se sostuvo por un período de catorce años. A fines de los sesenta, también, se convirtió en césped.

GROWING SEASON

Our mother of five often said, *I don't know how I would have fed all of you without the garden.* It was our parent's saving grace and our place to learn about tending the soil and preserving food. The garden centered us to the earth's clock and we learned time could not be wasted as the growing season came and went at its own will.

Vegetable seeds or seedlings were planted in early spring as soon as the ground thawed. It was not unusual to grow several rows of corn in the rear section, tomatoes on stakes, bell peppers, lettuce, onions on the edge, root potatoes, carrots, radishes, beets, green beans on poles, peas, red cabbage, pumpkins for Hallowe'en, squash, cucumbers, rhubarb for pies, sunflowers on the south side. Our mother, a wonderful cook and baker, on a regular basis made summer-day lunches of fresh lettuce and tomato sandwiches on home-made bread.

With fruit trees on the lawn edging the garden, we had enough preserved and frozen fruit, produce, jams and jellies to take our family of seven through winter and the year. Even now, I know the fruit drill: strawberries in June followed by apples dropping all summer, green pears, purple plums, golden apricots, sour cherries, sweet cherries, red raspberries, and finally, two varieties of grapes from the arbor in September.

The first year of production was 1954 and as we all grew and left for college, the vegetable garden became smaller. But it easily sustained a fourteen year run. By the late '60s, it too, became lawn.

HABITS

HÁBITOS

You can understand people better if you look at them—no matter how old or impressive they may be—as if they are children. For most of us never mature, we simply grow taller.
~ Leo Rosten, American humorist

Su puede entender mejor a la gente si los ves—sin importar que tan viejos o impresionantes sean—como si fueran hijos. Porque la mayoría de nosotros nunca maduramos, simplemente crecemos más alto.
~ Leo Rosten, humorista Estadounidense

HÁBITOS

Madrugadores
por cuarentaicinco años
empiezan
sus riuales jubilatorios
con café caliente
hecho en casa
el pan de plátano y nuez,
recogen el periódico
de la puerta del frente.
Él lee los deportes,
ella los titulares
y ambos buscan
las páginas de los rompecabezas.
Él resuelve Sudoku
ella el Word Jumble
el crucigrama.

Pero nada está completo
hasta que hayan jugado
un juego de Cribbage.
De él las azules
de ella las rojas
la misma baraja de cartas
por años.
Ella gana.
¿Otro juego? él pregunta.
Ella mira
su reloj, sonríe
No hay tiempo, ella dice.
Un beso íntimo
sella el acuerdo.
Él se va
a su juego de golf
ella de compras
cada uno sabiendo
que se le ama.

HABITS

Early risers
for forty-five years,
they begin
retirement rituals
with hot coffee,
home-made
banana-nut bread,
gather the paper
at the front door.
He reads the sports,
she the headlines
and both look
for puzzle pages.
He solves Sudoku
she the Word Jumble,
crossword puzzle.

But all is not complete
until they've played
a game of Cribbage.
He the blue
she the red
same deck of cards
for years.
She wins.
Another game? he asks.
She looks
at her watch, smiles—
No time, she says.
An intimate kiss
seals the agreement.
He is off
to his tee time,
she to shopping
each knowing
they are loved.

INTENSITY

INTENSIDAD

A person's style is intrinsic and private with them, like their voice or their gesture. Partly a matter of inheritance, partly of civilization, it is the pattern of the soul. It is not a dress.
~ Maurice Valency, playwright, American author, critic (via Marshall Kline)

El estilo personal es intrínseco y privado para ellos, como sus voces y sus gestos. En parte asunto de herencia, en parte de la civilización, es un patrón del alma. No es un vestido.
~ Maurice Valency, dramaturgo, autor, crítico Estadounidense (por medio de Marshall Kline)

INTENSIDAD

Ella hace estragos en la selva de su ropero
buscando la chaqueta de color rojo bombero
ata la larga chalina naranja Kool Aid
alrededor de su cuello.

Nunca.

Fular amarillo mantequilla se ve elegante especialmente
con la blusa verde Británico de carreras,
falda plisada azul Tiffany.

Atrevida.

Cartera violeta morada no va
tampoco la marrón UPS.
Pero ¿la bolsa de charol de diseñador negro Biblia
con cinturón a juego ancha y tacones?

Perfecto.

INTENSITY

She ravages through her jungle closet,
searching for the fire-engine red jacket,
ties the long silk Kool-Aid orange scarf
around the collar.

Never.

Butter yellow ascot looks stylish especially
with the British racing-green blouse,
Tiffany-blue pleated skirt.

Bold.

Violet-purple purse does not work
nor does the UPS-brown one.
But—the patent leather Bible-black designer bag
with matching wide belt and heels?

Perfect.

JOTS

APUNTES

I love deadlines.
I love the whooshing noise they make as they go by.
~ Douglas Adams, English author, humorist, screenwriter

Amo los plazos.
Amo el sonido de los susurros que hacen cuando pasan.
~ Douglas Adams, autor, humorista, guionista Inglés

APUNTES

mientras ella discurre en su día
inscribe en su cuaderno rojo
        rarezas de extraños
        colores de nevados
        travesuras de niños crecidos
        sonidos de águilas, grullas
        acentos de las estaciones

preserva estos escritos
para días futuros
        cuando ella tenga días de silencio
        espacio personal para componer
        sobre su mundo, los de dentro
        ella necesita que estos apuntes
        recuerdos detallados diarios

ahora sean su biblia
biblioteca de referencia
        con todas las distracciones
        de su vida
        sabe que con ellos es más
        apta para escribir otro poema
        porque al madurar, ella nota

que la memoria es un mensajero falible

JOTS

as she moves through her day
she inscribes in her red notebook
  oddities of strangers
  snowscape colors
  antics of grown children
  sounds of eagles, cranes
  scents of the seasons

she will save these writings
for future days
  when she has quiet time
  personal space to compose
  about her world, those within
  she needs these notes
  daily detailed reminders

now become her bible
reference library
  with all the distractions
  in her life
  she knows with them, she is more
  apt to write another poem
  for as she ages, she notices

memory is a faulty messenger

KINDRED LETTERS

CARTAS AFINES

Life is change.
Growth is optional.
Choose wisely.
~ Karen Kaiser Clark, American author, lecturer, educator

La vida es cambio.
El crecimiento es opcional.
Escoge con sapiencia.
~ Karen Kaiser Clark, autor, conferencista, educador Estadounidense

CARTAS AFINES

Querido Abuelo Peter [Piotr]
Tú, como soltero de 22 años en 1907,
de alguna manera viajaste más de 600 millas
de Polonia a Trieste, Italia
abordaste el *Eugenia*
navegaste al Sur en el Adriático
al oeste en el Mediterráneo
pasada la Peña de Gibraltar
entraste a Nueva York por la Isla Ellis,
America.

Construiste una vida con Cecelia en Nueva Jersey
creaste una familia
muerto en un accidente de cantera a los 45.

Esta actitud intrépida
fué legada
a hijos,
nietos.

Querida Abuela Cecelia
Criaste 11 niños
nutriste las vidas
de 24 nietos
siempre presente
les enseñaste destrezas de la vida.

Como immigrante Polaco/Ucraniana
aprendiste Inglés,
escuchaste a John B. Gambling
en radio WOR, Nueva York,
leíste el diario local.

Me enseñaste bordado, jardinería
cocina, nos alentaste
trabaja duro, sé valiente, triunfa.

Continuar

KINDRED LETTERS

Dear Grandfather Peter [Piotr],
You, as a single 22-year old in 1907,
somehow traveled over 600 miles
from Poland to Trieste, Italy
boarded the *Eugenia*
sailed south on the Adriatic
west on the Mediterranean
past the Rock of Gibraltar
entered New York at Ellis Island,
America.

Built a life with Cecelia in New Jersey
created a family
died in a quarry accident at 45.

This fearless attitude
was bequeathed
to children
grand-children.

Dear Grandmother Cecelia,
You raised 11 children
nurtured the lives
of 24 grand-children
always present
taught life skills.

As a Polish/Ukrainian immigrant
you learned English,
listened to John B. Gambling
on WOR radio, New York,
read the local newspaper.

Taught me embroidery, gardening
cooking, encouraged all of us
work hard, be brave, succeed.

Continues

Querido Padre,
Nos ejercitaste con tu mantra:
No estoy criando delincuentes juveniles.

No lo hiciste.

Todos los cinco se graduaron del colegio
desarrollaron carreras desafiantes
crearon vidas buenas.

Tu fuiste nuestro modelo de roles.

Querida Madre,
Regresaste a la escuela
después de ser Mamá en casa por 25 años,
recibiste tu grando de enfermería
trabajaste otros 20 años.

Tuviste seis hijos
con Papá enterraste dos hijas.
Haz tu cama, duermes en ella.

Mostraste tenacidad, coraje
estas cualidades pasaste a tu herederos.

Querido Señor,
Cuidaste de nuestra gran familia
este siglo pasado
bendeciste a la mayoría con la longevidad
relativamente buena salud e hijos.

Somos agradecidos—Gracias a Ti.

Dear Dad,
You drilled us with your mantra:
I am not raising juvenile delinquents.

You didn't.

All five graduated college
developed challenging careers
created good lives.

You were our role model.

Dear Mother,
You returned to school
after being a stay-at-home Mom 25 years,
received your nursing degree
worked another 20 years.

Bore six children,
with Dad buried two daughters.
You make your bed, you sleep in it.

Showed tenacity, courage
these qualities passed on to your heirs.

Dear Lord,
You have watched over our large family
this past century
blessed most with longevity
relatively good health and children.

We are grateful—Thank You.

LEAF

HOJA

There is no real ending. It's just the place where you stop the story.
~ Frank Herbert, American science fiction author

No hay final en realidad. Sólo es el lugar donde paras el cuento.
~ Frank Herbert, escritor de ciencia ficción Estadounidense

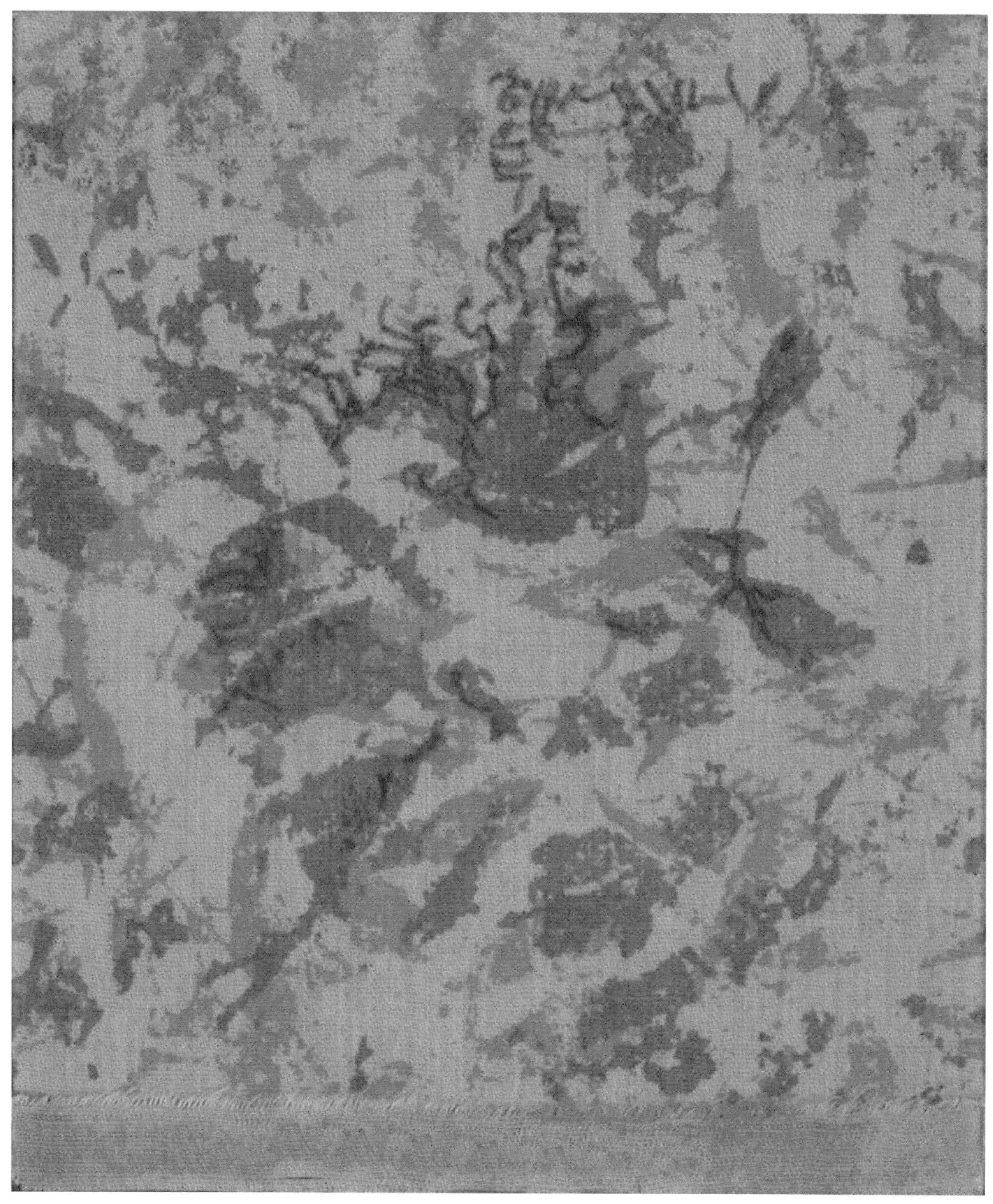

HOJA

El sicomoro centenario
siente las primeras brisas primaverales
a mediados de Marzo, sabe
que es hora de que el primer brote
se deje ver en una nueva
ramita anual.

Por Mayo la hoja se desdobla
luce un joven verde chartreuse
vivo y fresco, crecimiento
alentado por lluvia tibia
y sol lustroso.
Color húmedo de verano,

nutrientes del suelo,
raíces que promueven crecimiento
a amplia adultez plena—brillante
color verde, venas fuertes
y vástago adjunto a ahora
una nueva rama. Prospera.

Cuando el Otoño llega, la hoja
Se ha vuelto belleza colorida
Fuerte cuando abierta
a los elementos, pequeñas ráfagas,
modelo para hojas compañeras.
Mientras espera al frío Invierno,

vé a otras coloridas
hojas descender. El color se desvanece
a un beige-marrón la una vez suave
vibrante hoja empieza a marchitarse
y a debilitarse, molécula por molécula
hasta que el hielo de la rama la congela
en su lugar.

El deshielo de Febrero finalmente afloja
el tallo de la rama y

la última hoja del sicomoro cae a la tierra
empezando la última fase de su existencia.

LEAF

Century-old sycamore
feels first breezes of spring
in mid-March, knows
it is time for the bud
to emerge on a new
yearling twig.

By May the leaf has unfolded,
boasts a young chartreuse green,
alive and fresh, growth
encouraged by tepid rain
and lustrous sun.
Humid summer heat,

nutrients from the soil,
roots promote growth
to full broad adulthood—bright
green color, strong veins
and stem attached to a now
new branch. It thrives.

When autumn arrives, the leaf
has become a colorful beauty—
strong when open
to the elements, small gusts,
a model to fellow leaves.
As it awaits the cold winter,

watches other multi-colored
leaves plummet. Color fades
to sullen amber; the once smooth
vibrant leaf begins to wither
and weaken, molecule by molecule
until ice on the branch freezes it in place.

February thaw finally loosens
stem from branch and

last leaf on the sycamore falls to Earth
beginning the final phase of its existence.

MUSICAL SALON

SALÓN MUSICAL

Have a banana, Hannah
Try the salami, Tommy
Get with the gravy, Davy
Everybody eats when they come to my house

Try a tomato, Plato
Here's cacciatore, Dory
Taste of bologna, Tony
Everybody eats when they come to my house

~ Cab Calloway, American musician, band leader, songwriter

Ten una banana, Hannah
Prueba el salami, Tommy
Entra en la salsa, Davy
Todos comen cuando vienen a mi casa

Prueba un tomate, Plato
Aqui hay cacciatore, Dory
Degusta la bologna, Tony
Todos comen cuando vienen a mi casa

-Cab Calloway, músico, líder de banda, compositor Estadounidense

SALÓN MUSICAL

La mesa de Marcella
es un allegro
rubor transparente

vajilla
de cristal de la depresión
vajilla de servicio a juego

copas de vino de salvia pálida
cubiertos de la madre
servilletas de lino crudo

de alabastro y a crochet
los caminos de mesa,
de piano y cello

la sonata de fondo
amigos cercanos
joviales, íntimos

la conversación sube
a un crescendo
orquestal.

Al final de la cena
se toma Chardonnay,
aperitivos de queso en la apertura,

aria en la entrada de salmón, de frambuesa
el postre final yá saboreado
se fija el ritmo de adagio,

saciados los invitados
coda musical
final cimbálico.

MUSICAL SALON

Marcella's table
is an allegro—
blush transparent

depression-glass
dinnerware
matching serveware

pale sage wine glasses
mother's silver
ecru linen napkins

crocheted alabaster
table runners,
piano/cello

background sonata
close friends
jovial, intimate

conversation builds
to an orchestral
crescendo.

By end of dinner
Chardonnay sipped,
overture cheese appetizers,

aria salmon entree, raspberry
dessert finale savored
adagio pace sets in,

guests sated
musical coda
cymbolic finish.

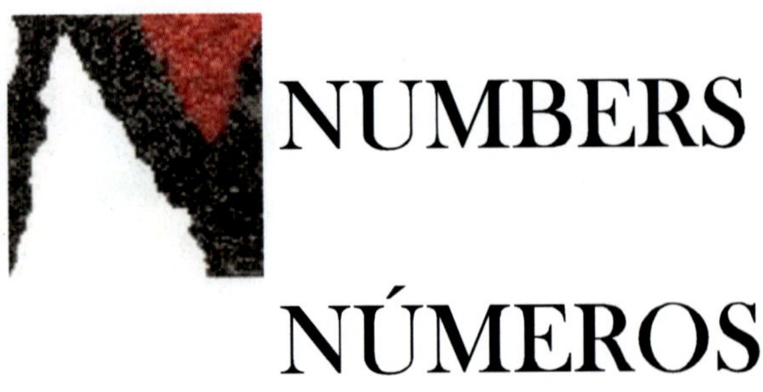

NUMBERS

NÚMEROS

When we give cheerfully and accept gratefully, everyone is blessed.
~ Maya Angelou, American author, poet

Cuando damos alegremente y aceptamos graciosamente, todos son bendecidos.
~ Maya Angelou, autor, poeta Estadounidense

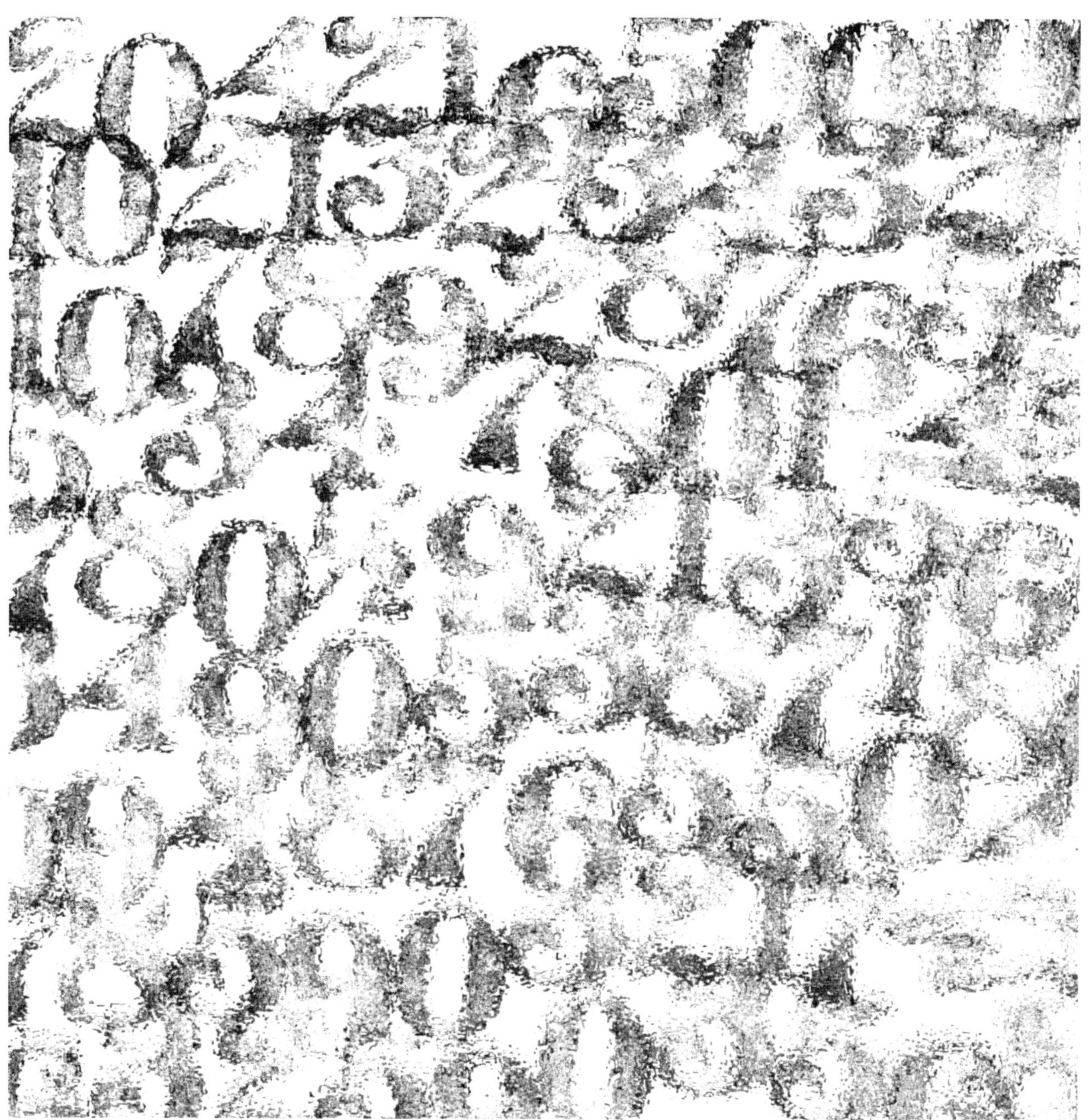

NÚMEROS

En Diciembre 20, manejan las cuarentidos
millas en una hora al 6500 Wilshire Boulevard.

Llegan a la 1:00pm a la cita del hijo de ella
y esperan diez minuros a que lo llame la enfermera.

Joven, de sólo ventiún años, pero incapaz de manejar,
está aquí para ser probado, esto tomará tres horas.

Solo en el cuarto de espera, la Madre
trajo a Neruda y a Dickens para leer.

Una pareja entra, se registra, y dice que le ha tomado
tres buses y cuatro horas para llegar de Lynwood.

Después de su cita, le piden a la recepcionista
otro pase de bus para el viaje de regreso a casa.

Oh, dice ella, *no hay más pases*
y no tendré más hasta después de Año Nuevo.

¿Pero cómo llegaremos a casa? ellos dicen.
Nos prometieron . . . no tenemos dinero para buses.

Entendiendo el dilema, la Madre saca
tres veintes de su cartera, se acerca

a la pareja, les ofrece el dinero,
No, no podemos tomar esto, es demasiado.

Por favor, contesta ella, *consideren*
esto como un temprano regalo de Navidad.

Porcentaje de su ingreso mensual—uno.
Costo de regalar—cero.

NUMBERS

On Friday December 20, they drive the forty-two
miles in one hour to 6500 Wilshire Boulevard.

They arrive at 1:00pm for her son's appointment
and wait ten minutes for the nurse to call him.

Young, just twenty-one, but unable to drive,
he's here to be tested; this will take three hours.

Alone in the waiting room, Mother
brings Neruda and Dickens to read.

A couple enters, checks in, stating it has taken
three buses and four hours to arrive from Lynwood.

After their appointment, they ask the receptionist
for another bus voucher for the return ride home.

Oh, she says, *there are no more vouchers*
and I won't have any until after the New Year.

But how will we get home? they ask.
We were promised . . . we don't have money for buses.

Understanding this dilemma, Mother pulls
three twenties from her wallet, approaches

the couple, offers the money.
No, we cannot take this—this is too much.

Please, she answers, *consider*
this an early Christmas gift.

Percent of her monthly income—one.
Cost of giving—zero.

OAK-FRAMED MIRROR

ESPEJO en MARCO de ROBLE

Art should reflect the mind of the artist and the hand of the Creator.
~ Randall Gutting

El arte debe reflejar la mente del artista y la mano del Creador.
~ Randall Gutting

ESPEJO EN MARCO DE ROBLE

La bellota germinó en una granja del Condado Bucks
Cientocincuenta años antes de la tala de 1898
Con un parasol de sesenta pies, sombreados por árboles incontables

picnics, bodas, sobreviviendo huracanes, infestación.
Algunas ramas tan gruesas que el aserradero necesitó días
para aserrar en cuartos cada una. Un roble tan grande estaba destinado

a ser preservado por artesanos para crear objetos hermosos
el próximo siglo. Las piezas se vendieron a equipos
de construcción para vivienda, edificios públicos—muebleros

quienes los formarían los moldearían en el más nuevo estilo de Art Nouveau.
Un artesano de New Hope escogió sus cinceles y mazos
para esculpir delicadamente curvas orgánicas, labrar tres

medallones idénticos, florales simétricos, hojas
arqueadas fluídas, pilares líricos y remates para sostener contra huellas
alrededor del espejo biselado de tres paneles, todos

diseñados y construidos para durar otro siglo.
A través de los años el espejo reflejó generaciones al acicalarse y
Arreglarse, aristócratas, pobres entrar y salir del cuarto,

sombras, formas de luces desde amaneceres y atardeceres juguetean
al frente, interiores con nuevos papeles de pared pintados, pinturas;
multitudes de galas, bailes recientes, familias que celebran la vida.

Hoy, muestra un mirador de porcelana en miniatura
que alberga las cenizas de Paula, el regalo de Harry del vaso de
vidrio soplado, la fotografía sepia de la Abuela,

candelabros transparentes del Tate Modern y
descansa sobre el manto de Daniel hecho a mano en mi
chimenea de piedra de California del siglo 21.

OAK-FRAMED MIRROR

The acorn germinated on a Bucks County farm
one hundred fifty years before the 1898 felling.
With a sixty-foot umbrella, tree shaded countless

picnics, weddings, survived hurricanes, infestation.
Some branches so thick the lumber mill needed days
to quarter-saw each. An oak this grand was destined

to be preserved for craftsmen to create beautiful objects
for the next century. Pieces were sold to construction
crews for housing, public buildings— furniture makers

who would shape, mold it in the newest Art Nouveau style.
A New Hope artisan chose his chisels and mallet
to delicately sculpt organic curves, carve three

identical medallions, symmetrical florals, arched
fluid leaves, lyrical pillars and finials to hold risers
around the bevel-edged three-paned mirror, all

designed and constructed to last another century.
Over the years, mirror reflected generations primp and
preen; aristocrats, paupers enter and exit the room;

shadows, light shapes from sunrises and sunsets frolic
in front of it; interiors with new wallpapers, paintings;
throngs of galas, recent dances; families celebrating life.

Today, it displays a miniature porcelain gazebo
holding Paula's ashes, Harry's gift of the hand-blown
glass bud vase, Grandmother's sepia-toned photograph,

transparent candlesticks from the Tate Modern and
rests atop Daniel's hand-crafted mantle on my
21st century California stone fireplace.

POND SEASONS

ESTACIONES en el ESTANQUE

In order to create, we draw from our inner well. This inner well, an artistic reservoir, is ideally like a well-stocked fish pond. If we don't give some attention to upkeep, our well is apt to become depleted, stagnant, or blocked. As artists, we must learn to be self-nourishing. We must become alert enough to consciously replenish our creative resources as we draw on them — to restock the trout pond, so to speak.
~ Julia Cameron, American author, artist, poet

Para crear, sacamos de nuestro pozo interno. Este pozo interno,un reservorio artístico es idealmente un estanque bien surtido de peces. Si no prestamos alguna atención al mantenimiento, nuestro pozo queda apto para vaciarse, inactivarse o bloquearse. Como artistas debemos aprender a ser auto nutrientes. Debemos hacernos suficientemente alerta para reponer conscientemente nuestros recursos creativos mientras sacamos de ellos—para repoblar el estanque de truchas, por así decirlo.
~ Julia Cameron, artista, autor, poetisa Estadounidense

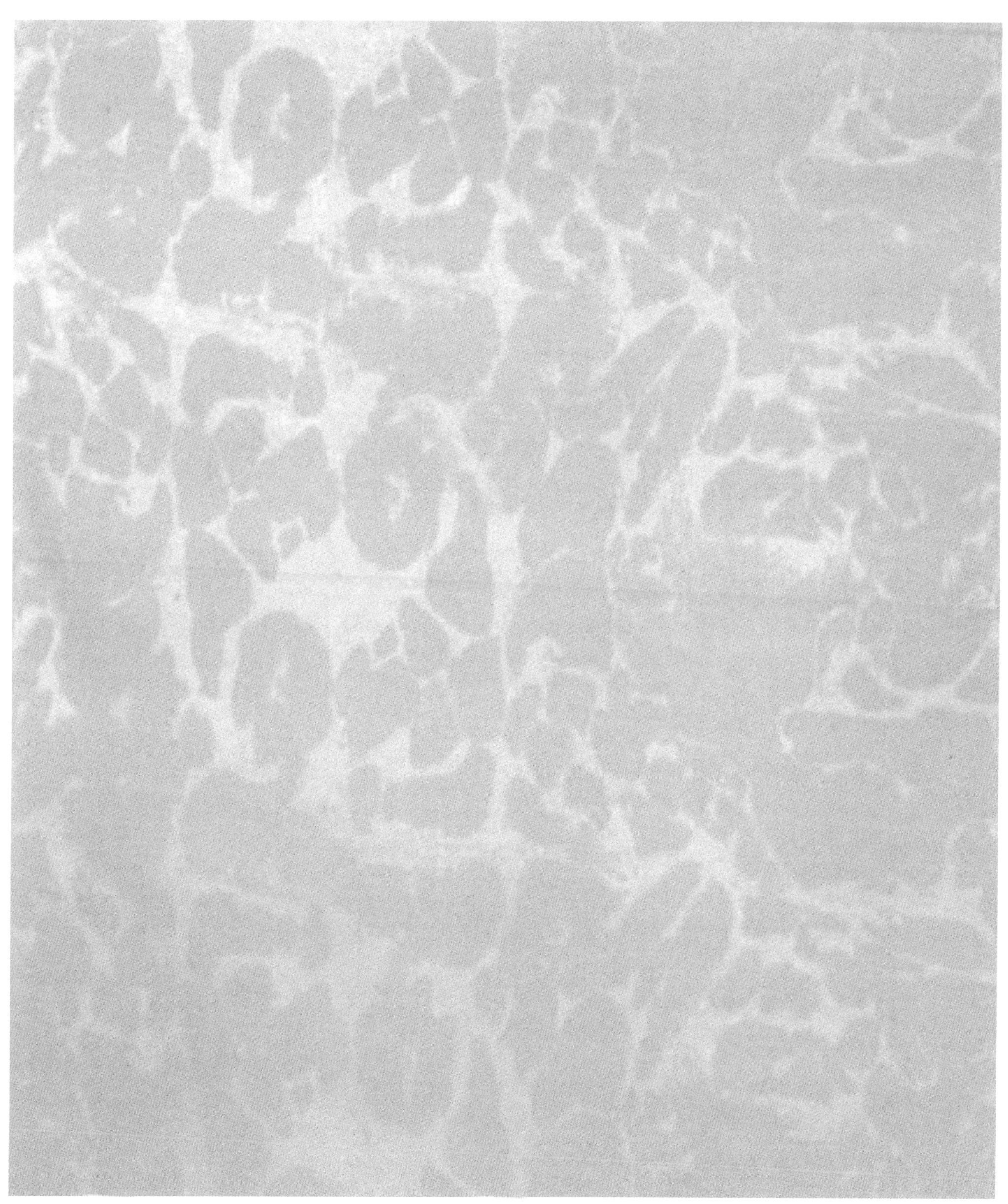

ESTACIONES EN EL ESTANQUE

Invierno

hielo, viento
lluvia le ofrecen a este estanque
una estación para sanarse—

escombros de lo vegetado el año pasado.
Se respira un romper del día melódico
que abraza un amanecer reflexivo
a una nueva

Primavera

sostenida por congelación y calor
lista para bien recibir brotes vírgenes—
medallones, al principio

antes de que tallos largos fusiformes se empujen
a una superficie reverdeciente
donde las almohadillas de loto danzan a la luz del sol
florecen en alabastro y rosado

se deleitan en unirse a cien
otros matices, creando
para este jardín
su propio y especial opus.

POND SEASONS

Winter

ice, wind
rain offer this pond
a season to cleanse—

debris from last year's growth.
Breathes a melodic dawn
embraces reflective sunrise
to a new

Spring

bookended by freeze and warmth
ready to welcome virgin sprouts—
medallions, at first

before long spindled stems push
to a verdant surface
where lotus pads dance in sunlight
blossom in alabaster and pink

delight in joining a hundred
other near-by hues, create
for this garden
its own special opus.

QUARRYMEN

CANTEROS

Your work is going to fill a large part of your life, and the only way to be truly satisfied is to do what you believe is great work. And the only way to do great work is to love what you do. If you haven't found it yet, keep looking. Don't settle. As with all matters of the heart, you'll know when you find it.
~ Steve Jobs, founder Apple, Inc.

Su trabajo va a llenar una gran parte de su vida y la única manera de estar verdaderamente satisfecho es hacer lo que se cree que es un gran trabajo. Y la única manera de hacer un gran trabajo es amando lo que se hace. Si aún no lo ha encontrado, siga buscando. No se conforme. Como con todos los asuntos del corazón, usted sabrá cuando lo ha encontrado.
~ Steve Jobs, fundador de Apple, Inc.

CANTEROS

ellos caminan a paso cerrado diario
hacia el hoyo, caminan
        a paso cerrado
golpean roca hacen piedras
ellos golpean roca hacen piedras

caminan en grises overoles
y botas de cuero
        al hoyo, chancan roca
haciendo piedras, con picos, hachas
y martillos caminan al hoyo

baten roca hacen piedras
balancean picos todo el día
        lluvia o sol, nieve o granizo
calor, frío balancean martillos
en el hoyo, aplastan roca hacen piedras

año tras año en nieve y lluvia
rompen roca hacen piedras
        usan overoles y botas de cuero
ellos balancean sus hachas
balancean sus picos

caminan a casa en mugrientos
overoles y botas de cuero
        caminan a paso cerrado al día siguiente
balanceando hachas
chancando roca hacen piedra

hasta que las rocas
caen
        y el balanceo para
y el ruido para
y el hoyo se huele polvoriento

y el hoyo queda sin sonido
y los hombres, en grises polvorientos
        overoles y botas de cuero
en el suelo
en el suelo están los hombres

        llorando o
        silentes

QUARRYMEN

they walk in lock-step everyday
to the pit, they walk
          in lock-step
pound rock into stones
they pound rock into stones

walk in their grey overalls
and leather boots
          to the pit, smash rock
into stones, with picks, axes
and hammers they walk to the pit

batter rock into stones
they swing picks all day
          in sun and rain, snow and hail
warmth, cold they swing hammers
in the pit, crush rock into stones

year after year in snow and rain
they break rock into stones
          wear overalls and leather boots
they swing their axes
swing their picks

walk home in grimy
overalls and leather boots
          walk in lock-step next day
swing axes
smash rock into stones

until rocks
hail down
          and the swings stop
and the noise stops
and the pit smells dusty

and the pit is soundless
and the men, in grimy grey
          overalls and leather boots
on the ground
on the ground are the men

          weeping
          or silent

REFERENCES

REFERENCIAS

Think as an adult
Piensa como adulto

Live as a young person
Vive como joven

Advise as an elder
Aconseja como anciano

And never stop singing like a child
Y nunca dejes de cantar como un niño

~ *Anonymous*
~ *Anónimo*

2 pound pot roast fresh from grocer

2 pounds russet potaotes cleaned

10 carrots cleaned and cubed

3 Vidalia onions cut into small pieces

INSTRUCTIONS

Place roast in the middle of Dutch Oven

and sprinkle salt and pepper on top

along with 3 tablespoons of butter

surround with chunks of vegetables

REFERENCIAS

Ella puso el asado en el centro
del horno holandés de hierro fundido
lo rodeó con pedazos de zanahorias
dulces cebollas de Vidalia, papas rojas
unas ramitas de romero todas del jardín.
Habiendo cocinado esta comida numerosas
veces, ella estaba ya bien pasados los días

de referirse a su *libro de cocina*
de Betty Crocker rojiblanco de los 1950s.
Horneado por 60 minutos, fué
un bienvenido domingo de mediados de Enero
en cena para su familia, quitando
el filo de la nieve
y del frío de afuera.

Él alistó a sus cinco niños
para un juego de poker con cuentos
de tener una escalera, recibiendo
una escalera de color
al ver una escalera real. Sentada a la
mesa redonda de la cocina después de sus cenas
jugando cartas apostando centavos
de la botella de céntimos era un ritual.

Es el juego de la vida, dijo él.

La competencia era feroz—
era el momento cuando
los menores podían ganar
contra sus padres y sus pares
mayores. Los desacuerdos se
arreglaban con *Reglas de Juego de Hoyle*
sacado antes del librero.

Él ya estaba bien pasados los días
de tener que consultar el *Hoyle* habiendo
aprendido el juego de sus tres
hermanos mayores a los siete años.

REFERENCES

She placed the roast in the center
of the cast-iron Dutch oven
surrounded it with chunks of carrots
sweet Vidalia onions, russet potatoes
a few sprigs of rosemary all from the garden.
Having cooked this meal numerous
times, she was well past the days

of referring to her 1950s red
and white *Betty Crocker Cookbook.*
Baked for 60 minutes, it was
a welcomed mid-January Sunday
dinner for her family, took
the edge off the snow
and cold outside.

He readied his five children
for a poker match with stories
of holding a *straight*, being dealt a *flush*
once seeing a *royal flush*. Sitting at the
round kitchen table after her dinners
playing cards, betting with pennies
from the coin bottle was a ritual.

It's the game of life, he said.

Competition was fierce—
this was one instance when
younger children could win
against their parents and older
siblings. Disagreements were
settled by *Hoyle's Rules of Games*
taken off the bookshelf earlier.

He was well past the days
of referring to *Hoyle*, having
learned the game from his three
older brothers at the age of seven.

SISTER, SISTER

HERMANA, HERMANA

Tears are words that need to be written.
~ Paul Coelho, Brazilian lyricist and novelist

Las lágrimas son palabras que necesitan ser escritas.
~ Pablo Coelho, letrista, novelista Brasileño

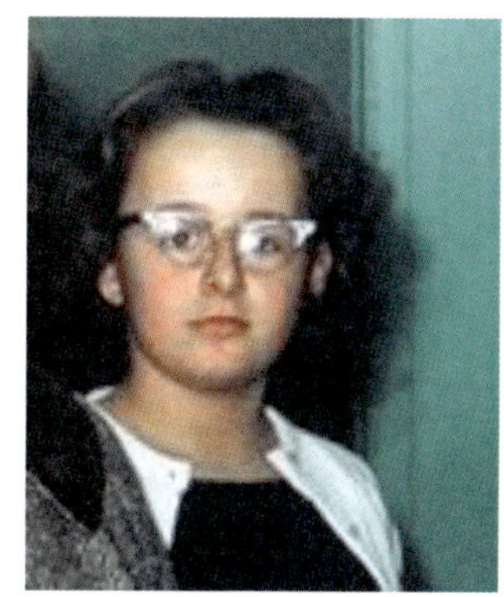

HERMANA, HERMANA

Pálida y delgada
tú eres irreconocible
una vieja Bella Durmiente

con cabello gris sal
multitud de arrugas
corazón débil, otros males.

Ojos cerrados, perdidos
en un mundo de morfina a gotas
estás recostada inmóvil sobre tu espalda

succionando oxígeno
sin sentir a los que te rodean
ni lo que se murmulla.

Estoy lista para morir, dijiste hace dos años.

Ningún príncipe de edad cabalga al rescate
sin hadas que intercedan—
solo un constante, oscuro invierno.

SISTER, SISTER

Pale and thin
you are unrecognizable
an old Sleeping Beauty

with salted gray hair
a multitude of wrinkles
weak heart, other maladies.

Eyes closed, lost
in a morphine-drip world
you lie still on your back

sucking in oxygen
no sense of those around you
or what is whispered.

I'm ready to die, you said two years ago.

No age'd prince rides to rescue
no fairies intercede—
just a lingering, dark winter.

TRIBUTE

TRIBUTO

The purpose of life is to matter, to count, to stand for something—to have it make some difference that we have lived at all.
~ Leo Rosten, American humorist

El propósito de la vida es importar, ser tenido en cuenta, representar algo—el tenerlo hace alguna diferencia al haber vivido.
~ Leo Rosten, humorista Estadounidense

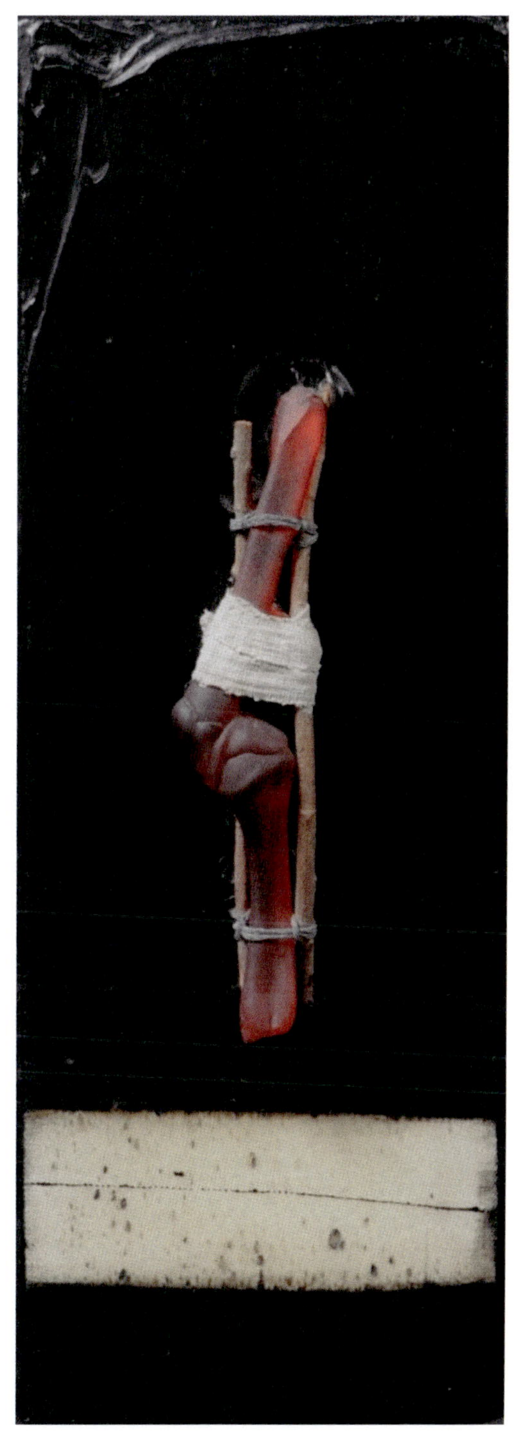

TRIBUTO

Hacen un pacto, estos dos
un pintor de lo abstracto
un escultor, soplavidrio.
Cada uno crea un pedacito para el otro
que nadie hará propio—
serán exclusivos. Nunca vendidos.

Veterano de Vietnam, el escultor hace
huesos de vidrio atados con tela, gasa
indeleble, a veces transparente
a veces opaco con filos texturizados
algunos coloreados.

El pintor compone alrededor
adosando los huesos a ambos lienzos
pintando anchas pinceladas
en oscuros tonos acrílicos—

ocre, azul marino, carbón, borgoña.
Ambos artistas deciden al completer
las piezas que cada uno guarde lo suya por años.

hasta que un visitante entra al estudio del pintor,
un amputado sin pierna derecha.

El pintor obsequia su pintura.

TRIBUTE

They make a pact, these two
one painter of abstracts,
one sculptor, a glassblower.
Each creates a small piece for the other
no one else will own—
these will be exclusive. Never sold.

A Vietnam veteran, the sculptor makes
glass bones, binds with rags, gauze,
haunting, sometimes transparent
often opaque with textured ends
some in color.

The painter composes around them
attaching bones to both canvases
painting broad brush strokes
in dark acrylic tones—

umber, navy, charcoal, burgundy.
Both artists decide when pieces are complete,
each stores his for years

until a visitor enters the painter's studio,
an amputee with no right leg.

The painter gifts his painting.

UNBOUND

DESATADO

The idea of divine inspiration and an a-ha moment is largely a fantasy. Anything of value comes from hard work and unwavering dedication. If you want to be a good artist you need to look at other artists' creations, make a lot of art and just keep working.
~ Sidney Pink, American film producer

La idea de la inspiración divina y de un momento ¡ah!, ¡ja! es en mucho una fantasía. Todo lo valioso viene del trabajo duro y de la dedicación inquebrantable. Si quieres ser un buen artista necesitas mirar a otros artistas, hacer bastante trabajo o sólo seguir trabajando.
~ Sydney Pink, productor de películas Estadounidense

DESATADO

tres de la tarde
solsticio de sol
se cierne bajo
en el azul claro

cielo de invierno
a noventa minutos
de ponerse
sobre el vidrioso Pacífico

refleja
sobre su quieta aparición ámbar
esta mañana, acariciando
los rascacielos

de Manhattan

UNBOUND

three o'clock
solstice sun
hovers low
in cerulean

winter sky
ninety minutes
from setting
over glassy Pacific

reflects
upon its quiet amber rise
this morn, caressing
skyscrapers

of Manhattan

VALENTINE'S DAY

DÍA de SAN VALENTÍN

Love: the irresistible desire to be irresistibly desired.
~ Mark Twain, American author

Amor: el irresistible deseo se ser irresistiblemente deseado.
~ Mark Twain, autor Estadounidense

DÍA de SAN VALENTÍN

Ella le envía
chocolates en caja
envueltos
con un moño rojo.

El le envía a ella
una tarjeta
y escribe

Ninguna cantidad
de chocolate

se compara

con hacerte
el amor a ti.

VALENTINE'S DAY

She sends him
boxed chocolates
wrapped
with a red bow.

He sends her
a card
and writes

No amount
of chocolate

compares

with making
love to you.

WATER LILIES

LILAS ACUÁTICAS

But when fall comes, kicking summer out on its treacherous ass as it always does one day sometime after the midpoint of September, it stays awhile like an old friend that you have missed. It settles in the way an old friend will settle into your favorite chair and take out his pipe and light it and then fill the afternoon with stories of places he has been and things he has done since last he saw you.
~ Stephen King, American novelist

Pero cuando el Otoño llega a patear al Verano en su culo traicionero puesto que siempre lo que hace un día alrededor de la mitad de Septiembre es quedarse por un rato como un viejo amigo al que se ha extrañado. Se acomoda en la manera en que un viejo amigo se acomoda en tu sillón favorito y saca su pipa y la enciende y luego llena la tarde con cuentos de lugares donde él ha estado y cosas que él ha hecho desde la última vez que te vió.
~ Stephen King, novelista Estadounidense

LILAS ACUÁTICAS

Se están muriendo
ante mí. El Esmeralda
se vuelve ocre,
luego bronce

ensuciando
el agua una vez cristalina.
Sin flores rosadas ni alabastro
las pocas semanas últimas

sin importar cuanto
sol absorbe.
Sus largos tallos
fortalecidos por el verano,

ahora se doblan ante
las noches de Octubre.
Hojas debilitadas
se desploman ante el lecho rocoso

descomposición alrededor de las raíces
crea lodo, se pudre
abajo mientras en la superficie
hilos hacen capas finas a fines

de Diciembre
hasta la primavera cuando

Durmientes No Más
será su mantra.

WATER LILIES

They are dying
before me. Emerald
leaves turn ochre,
then bronze

mucking up
the once-crystal water.
No pink or alabaster flowers
the last few weeks

no matter how much
sun they absorb.
Their long stems
strengthened by summer,

now bend to chilly
October nights.
Weakened leaves
slump to bedrock

decay around roots
create sludge, rot
on bottom as surface
ices thin layers in late

December
until spring when

Dormant No More
will be their mantra.

X-ed

X . . . ado

Darkness can only be scattered by light; hatred can only be conquered by love.
~ Pope John Paul II

La oscuridad sólo puede ser dispersa por la luz; el odio sólo puede ser conquistado por el amor.
~ Papa Juan Pablo II

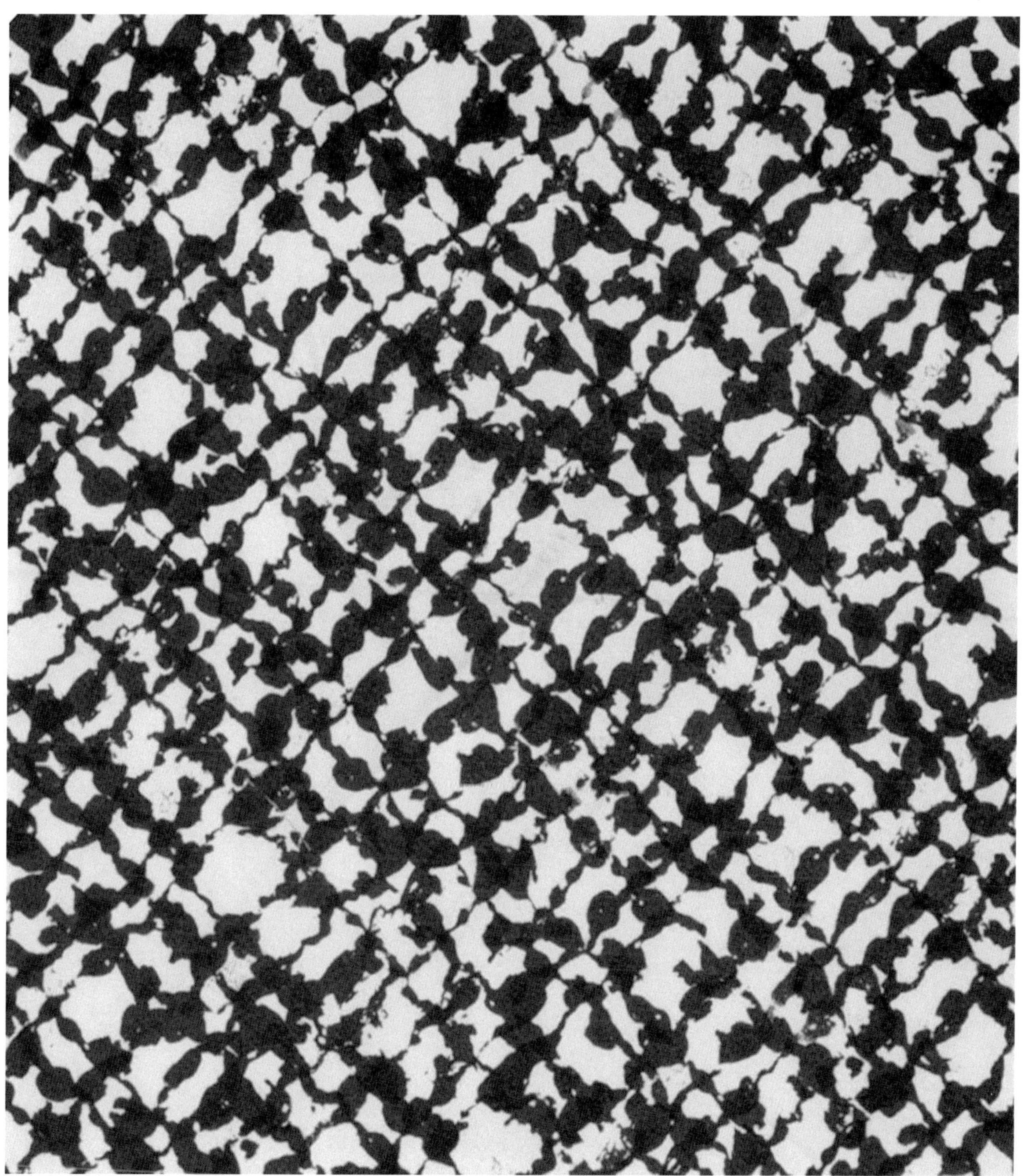

X . . . ado

Sur de LA
bungalows de los 1920s

palmeras en el estacionamiento
coches lavados en sus entradas

madres jóvenes
empujan cochecitos de bebé

vecindad bulliciosa
niños juegan en la calle

cercas de alambre
puertas con candado

tarde cálida
crepúsculo

disparo
uno menos

X-ed

South LA
1920s bungalows

palms on the parking
cars washed in driveways

young mothers push
baby strollers

noisy neighborhood
kids play in the street

chain-link fences
padlocked gates

hot afternoon
dusk

shot fired
one less

YARD PLAY HAIKU

HAIKU de JUEGO en el PATIO

A man who dares to waste one hour of time has not discovered the value of life.
~ Charles Darwin, English scientist

Un hombre que se atreve a desperdiciar una hora de su tiempo no ha descubierto el valor de la vida.
~ Charles Darwin, científico Inglés

HAIKU DE JUEGO EN EL PATIO

patio grande, juego de verano
cintas muchos sitios para esconderse
veredas para patinar

saltar cuerda, hula-hoop
jugar jazz, subir al manzanero
croquet en el prado

refrescarse en la piscina
descansar en la nueva banca del parque
miradas a vistas suaves

ganar un partido de Damas
picnic en la pérgola de vid
sombreada de hojas enormes

jardín, flores, árboles
jugamos hasta exhaustos
de viñas, anchos prados rodean

la casa al aire libre para soñar
crear, reir y entretenerse
rodeados de amor

YARD PLAY HAIKU

Large yard, summer play
tag, lots of places to hide
roller-skate sidewalks

jump rope, hula-hoop
play Jacks, climb the apple tree
croquet on the lawn

cool off in the pool
rest on new wooden park bench
glimpse soft vistas

win a Checkers match
picnic in the grape arbor
shaded by huge leaves

garden, flowers, trees
we play until exhaustion
vines, wide lawns surround

outdoor home to dream,
create, laugh and entertain
encircled by love

ZEITGEIST
spirit of the times

ZEITGEIST
espíritu de los tiempos

For last year's words belong to last year's language and next year's words await another voice.
~ T.S. Eliot, American poet and writer

Porque las palabras del año pasado pertenecen al idioma del año pasado y las palabras del año entrante esperan otra voz.
~ T. S. Eliot, poeta, escritor Estadounidense

ZEITGEIST
espíritu de los tiempos

Después de Cristo:La Venta Masiva.

Lord & hasta Taylor

se ponen de acuerdo.

ZEITGEIST
spirit of the times

After Christ:Mass Sale.

Lord & even Taylor

agree.

CREDITS—CREDITOS

Page 15 *Collage* of torn colored paper, 4" W x 5" H, by the author, 1967

Página 15 *Collage* de papeles rotos de colores, 4" ancho x 5" altura, por la Autora, 1967

Página 16 DESIERTO de ARIZONA, poema: 27 de Enero de 2022

Page 17 ARIZONA DESERT poem: January 27, 2022

Page 19 *Photograph* of the author's uncle, Charles William Michalowski [1909—1961], circa 1941, age 30 wearing his WWII army uniform; photographer unknown. Copy of his *Draft Registration Card,* 1940

Página 19 *Fotografía* del Tío de la Autora, Charles William Michalowski, [1909—1961], cerca de 1941, 30 años de edad con su uniforme del ejército de la Segunda Guerra mundial; fotógrafo desconocido. Copia de su *tarjeta de registro militar*, 1940

Página 20 DESPOJADA, 1961, poema: 27 de Febrero del 2022

Page 21 BEREFT, 1961 poem: February 27, 2022

Page 23 The author's antique carousel horse, **Clyde S. Dale**, was made by the Alan Herschell Company, North Tonawanda, New York, between 1925-1937. Photograph shows west facing view to the Pacific from her former home on Terrace Way, Laguna Beach, California. Photographer unknown, dated 2019

Página 23 El antiguo caballo de carrusel perteneciente a la Autora, Clyde S. Dale, fué hecho por la Compañía Alan Herschell , North Tonawanda, New York, entre 1925-1937 . La fotografía muestra una vista al oeste mirando al Océano Pacífico desde su anterior casa en Terrace Way, Laguna Beach, California. Fotógrafo desconocido. fechada en 2019

Página 24 CABALLITO de CARRUSEL poema: 29 de Mayo de 2022

Page 25 CAROUSEL HORSE poem: May 29, 2022

Page 27 *Dahlia*, acrylic painting on canvas, 14" W x 11" H, created by the author for Charles and Gloria Geitner, Fullerton, California; California State University Fullerton, OLLI poet; painted May 7, 2013

Página 27 *Dalia*, pintura acrílica sobre lienzo, 14" ancho x 11" altura, creada por la Autora para Charles y Gloria Geitner, Fullerton, California; California State University Fullerton, poeta de OLLI; pintada el 7 de Mayo 2013

Página 28 DALIA, poema: 12 de Noviembre del 2021

Page 29 DAHLIA poem: November 12, 2021

Page 31 *Hurricane,* monoprint: tempra paint on black paper, 4" W x 5" H, by the author, 1968

Página 31 *Huracán*, monoimpresión: pintura al temple en papel negro, 4" ancho x 5" altura, por la Autora, 1968

Página 32 NIDO, poema: 4 de Febrero del 2022

Page 33 EYRIE poem: February 4, 2022

Page 35 *Poinsettas,* watercolor painting on Arches paper, 8" W x 10" H, created by the author, 2024

Página 35 *Flor de Pascua*, pintura de acuarela en papel de color Arches, 8" ancho x 10" altura, creada por la Autora, 2024

Página 36 LLAMEANTE, poema: 23 de Julio del 2022

Page 37 FLAMING poem: July 23, 2022

Page 39 *Garden,* monoprint: tempra paint on watercolor paper, 4" W x 5" H, by the author, 1968

Página 39 *Jardín*, monoimpresión: pintura al temple en papel de acuarela, 4" ancho x 5" altura, por la Autora, 1968

Página 40 ESTACIÓN de CRECIMIENTO poema: 22 de Mayo del 2022. Escrito respecto al jardín del hogar familiar de la Autora—Delaware Park, Phillipsburg, New Jersey.

Page 41 GROWING SEASON prose poem: May 22, 2022. Written about the garden at the author's family's home—Delaware Park, Phillipsburg, New Jersey.

Page 43 *Red / White / Blue,* monoprint: tempra paint on watercolor paper, 4" W x 5" H, by the author, 1968

Página 43 Monoimpresión *Red / Blanco / Azul*, pintura al temple en papel acuarela, 4" ancho x 5" altura, por la Autora, 1968

Página 44 HÁBITOS poema: 20 de Abril del 2022. Inspirado por su hermano y su cuñada Peter John Paul y Susan Carol Stiles Michalowski.

Page 45 HABITS poem: April 20, 2022. Inspired by her brother and sister-in-law, Peter John Paul and Susan Carol Stiles Michalowski.

Página 47 *Intensity*, pintura aguada en papel acuarela, 10" ancho x 8" altura, por la Autora, 1965

Page 47 *Intensity,* gouache painting on watercolor paper, 10" W x 8"H, by the author, 1965

Página 48 INTENSIDAD poema: 18 de Octubre del 2022. Los colores están listados en el mismo orden en que Crayola coloca sus crayones en la caja de 8.

Page 49 INTENSITY poem: October 18, 2022. Colors are listed in the order Crayola places their crayons in the 8-count box.

Page 51 *Red / Black* collage of colored papers, 4" W x 5" H, by the author, 1967

Página 51 Collage *Rojo / Negro* de papeles coloreados ,4" ancho x 5" altura, por la Autora, 1967

Página 52 APUNTES, poema: 5 de Octubre del 2022

Page 53 JOTS poem: October 5, 2022

Page 55 *Roses in the Snow*, detail from this mixed-media painting, 16" W x 20" H, by the author, 2013

Página 55 *Rosas en la Nieve*, detalle de esta pintura de medios, 16" ancho x 20" altura, por la Autora, 2013

Página 56 CARTAS AFINES, poema: 28 de Julio de 2022. Teniendo en cuenta a las personas que más han influenciado su vida, la Autora se decidió por cuatro parientes: sus abuelos paternos, Peter [1885—1930] y Cecelia Hammer Michalowski [1888—1973] tanto como sus padres Peter Paul [1917—2000] y Kathryn Frances Miller Michalowski [1919—2005].

Page 57 KINDRED LETTERS poem: July 28, 2022. Thinking about the people who most influenced her life, the author decided on four relatives: her paternal grandparents, Peter [1885—1930] and Cecelia Hammer Michalowski [1888—1973] as well as her parents Peter Paul [1917—2000] and Kathryn Frances Miller Michalowski [1919—2005].

Page 61 *Leaves*, detail from silk-screen print on cotton, in two colors, 45" W x 72" H, designed and printed by the author, 1969

Página 61 *Hojas*, detalle de impressión de pantalla de seda en algodón, en dos colores , 45" ancho x 72" altura, diseñado impreso por la Autora, 1969

Página 62 HOJA, poema: 28 de Marzo del 2023

Page 63 LEAF poem: March 28, 2023

Page 65 *Deep Light*, multi-color gouache on watercolor paper, 4" W x 5" H, by the author, 1968

Página 65 *Luz Profunda*, aguado multicolor en papel acuarela, 4" ancho x 5" altura, por la Autora, 1968

Página 66 SALÓN MUSICAL, poema: 11 de Junio del 2022. Inspirada por los salones que su amiga, Jeanette Reese, celebraba frecuentemente en su condominio, Fullerton, California, pre-pandemia [2020].

Page 67 MUSICAL SALON poem: June 11, 2022. Inspired by the salons her friend, Jeanette Reese, frequently held at her condo, Fullerton, California, pre-pandemic [2020].

Page 69 *Numbers* hand stamped onto watercolor paper, 8" W x 8" H, by the author, 2023

Página 69 *Números* estampados a mano en papel acuarela, 8" ancho x 8" altura, por la Autora, 2023

Página 70 NÚMEROS, poema: 4 de Marzo del 2022

Page 71	NUMBERS poem: March 4, 2022
Page 73	Collage of torn brown magazine papers, 8" W x 10" H, by the author, 1967
Página 74	ESPEJO en MARCO de ROBLE, poema: 14 de Marzo del 2022
Page 75	OAK-FRAMED MIRROR poem: March 14, 2022
Page 77	Detail from a linocut print, executed white on white sateen cotton fabric, 45" W x 45" H, designed and printed by the author, 1969
Página 77	Detalle de impresión linograbada ejecutada en tela de algodón satinado blanco, 45" ancho x 45" altura, diseñado por la Autora, 1969
Página 78	ESTACIONES en el ESTANQUE, poema: 11 de Enero del 2022
Page 79	POND SEASONS poem: January 11, 2022
Page 81	India ink drawing on colored paper, 4" W x 5" H, by the author, 1968
Página 81	Dibujo en tinta de la India sobre papel coloreado 4" ancho x 5" altura, por la Autora, 1968
Página 82	CANTEROS, poema: 18 de Septiembre del 2022. Escrito respecto a la muerte del abuelo paternal de la Autora, Peter [Piotr] Michalowski, fallecido el 19 de Enero de 1930, en Oxford, New Jersey.
Page 83	QUARRYMEN poem: September 18, 2022. Written about the death of the author's paternal grandfather, Peter [Piotr] Michalowski; died January 19, 1930, Oxford, New Jersey.
Page 85	Watercolor and India ink painting on Japanese rice paper with typography, 4" W x 5" H, by the author, 1968 and 2023
Página 85	Pintura en acuarela y tinta de la India sobre papel de arroz Japonés con tipografía, 4" ancho x 5" altura, por la Autora, 1968 y 2023
Página 86	REFERENCIAS, poema: 30 de Octubre del 2021
Page 87	REFERENCES poem: October 30, 2021
Page 89	*Photograph* of the author's sister, Cecelia Ann Mary Michalowski, [1950—2021] age 16, taken by their mother, Kathryn Frances Miller Michalowski at their home in Delaware Park, Phillipsburg, New Jersey; Christmas 1966
Página 89	*Fotografía* de la hermana de la Autora, Cecelia Ann Mary Michalowski, [1950—2021] a la edad de 16 años, tomada por su madre, Kathryn Frances Miller Michalowski en su hogar de Delaware Park, Phillipsburg, New Jersey; Navidad de 1966
Pagina 90	HERMANA, HERMANA, poema: 26 de Agosto del 2021

Page 91 SISTER, SISTER poem: August 26, 2021

Page 93 Acrylic painting by Father Bill Moore [1949—2020] and glass sculptor Michael Aschenbrenner [1949—], unnamed, on canvas; 7" W x 20" H. From the collection of Noah Blanton.

Página 93 Pintura en acrílico por el Padre Bill Moore (1949—2020] y por el escultor en vidrio Michael Aschenbrenner (1949—], sin nombre, sobre lienzo, 7" ancho x 20" altura. De la colección de Noah Blanton.

Página 94 TRIBUTO, poema: 25 de Julio del 2021

Page 95 TRIBUTE poem: July 25, 2021

Page 97 *Amber Rise,* gouache painting on watercolor paper, 10" W x 8"H, by the author, 1965

Página 97 *Amanecer Ámbar*, pintura en aguado sobre papel acuarela, 10" ancho x 8" altura, por la Autora, 1965

Página 98 DESATADO, poema: 21 de Diciembre del 2022

Page 99 UNBOUND poem: December 21, 2022

Page 101 *Ace of Hearts,* acrylic painting on canvas, 4" W x 6" H, by the author, 2011

Página 101 *As de Corazones*, pintura en acrílico sobre lienzo, 4" ancho x 6" altura, por la Autor, 2011

Página 102 DÍA de SAN VALENTÍN, poema: 24 de Marzo del 2022

Page 103 VALENTINE'S DAY poem: March 24, 2022

Page 105 *Water Lillies,* monoprint: tempra paint and India ink on watercolor paper, 4" W x 5" H, by the author, 1968

Página 105 *Lilas Acuáticas*, impresión monocromática: pintura al temple tinta de la India sobre papel acuarela, 4" ancho x 5" altura, por la Autora, 1968

Página 106 LILAS ACUÁTICAS, poema: 28 de Septiembre del 2021

Page 107 WATER LILLIES poem: September 28, 2021

Page 109 *Grid*, screen print on cotton blend, 45" W x 45"H, designed and printed by the author, 1969

Pagina 109 *Red,* impresión en pantalla de seda sobre mezcla de algodón blanco, 45" ancho x 45" altura, diseñado e impreso por la Autora, 1969

Página 110 X . . . ado, poema: 18 de Agosto del 2023

Page 111 X-ed poem: August 18, 2023

Page 113 Photograph of the author's family home in Delaware Park, Phillipsburg, New Jersey; built in 1901. Photograph taken at sunset by the author's mother, Kathryn Frances Miller Michalowski, early spring 1964

Página 113 Fotografía del hogar familiar de la Autora en Dalaware Park, Phillipsburg, New Jersey; casa construida en 1901. Fotografía tomada al atardecer por la madre de la Autora, Kathryn Frances Miller Michalowski, principios de la primavera de 1964

Página 114 HAIKU de JUEGO en PATIO, poema: Navidad del 2009 y 24 de Julio del 2022
En la versión en Inglés de este poema, cada estrofa es un Haiku.

Page 115 YARD PLAY HAIKU poem: Christmas 2009 and July 24, 2022
In the English version of this poem every stanza is a haiku.

Page 117 *Zeitgeist*, gouache painting on red paper, 4" W x 5" H, by the author, 1968

Página 117 *Zeitgeist*, pintura en aguado sobre papel rojo, 4" ancho x 5" altura, por la Autora, 1968

Página 118 ZEITGEIST, *espíritu de los tiempos,* poema: 1976 y 19 de Junio del 2022

Page 119 ZEITGEIST, s*pirit of the times* poem: 1976 and June 19, 2022

Publicar un volumen de versos
es como dejar caer el pétalo
de una rosa en el Gran Cañón
y esperar un eco.

~Don Marquis, periodista, poeta y dramaturgo Norteamericano

Publishing a volume of verse
is like dropping a rose-petal
down the Grand Canyon and
waiting for the echo.

~ Don Marquis. American newspaperman, poet, playwright

Interior of this book is set in **Times New Roman**, a serif typeface. It was commissioned by the British newspaper *The Times* of London in 1931 and conceived by Stanley Morison, the artistic adviser to the British branch of the printing equipment company Monotype, in collaboration with Victor Lardent, a lettering artist in *The Times's* advertising department. It has become one of the most popular typefaces of all time and is installed on most personal computers.

Title and headline typeface is set in **Baskerville Old Face**, a serif typeface designed in the 1750s by John Baskerville [1706–1775] in Birmingham, England, and cut into metal by punch cutter John Handy. **Baskerville** is classified as a transitional typeface, intended as a refinement of what we now call old-style typefaces of the period, especially those of his most eminent contemporary, William Caslon. **Baskerville's** typefaces remain very popular in book design and there are many modern revivals, which often add features such as boldface type, non-existent in **Baskerville's** time.

Back cover description is set in **Eras**, a san serif typeface family designed by Albert Boton and Albert Hollenstein and released by International Typeface Corporation [ITC] in 1976. A distinct and curious feature is its slight, 3-degree right tilt.

El interior del libro está escrito en **Times New Roman**, un tipo de letra serif. Fué comisionado por el periódico Británico *The Times* de London en 1931 y concebido por Stanley Morison, el asesor artístico de la rama Británica de la compañía del equipo de impresión Monotype, en colaboración con Victor Lardent, artista letrista del departamento de publicídad de *The Times*. Se ha convertido en uno de los tipos de letra más populares de todos los timepos y está instalado en la mayoría de computadoras personales.

El título y la tipografía del titular está escrito en **Baskerville Old Face**, un tipo de letra serif diseñado en los 1750s por John Baskerville [1706—1775] en Birmingham, Inglaterra, y cortado en metal por el cortador John Handy. Baskerville está clasificado como un tipo de letra transicional con intención de refinamiento de lo que ahora llamamos un tipo de letra estilo antiguo de ese período, especialmente de su más eminente contemporáneo, William Caslon. Los tipos de letra de **Baskerville** siguen siendo muy populares en diseño de libros y hay muchos reavivamientos modernos los cuales a menudo añaden rasgos tales como tipo negrita que no existía en la época de **Baskerville**.

La descripción de la contratapa está escrita en **Eras**, una familia tipográfica san serif diseñada por Albert Boton y por Albert Hollenstein y publicada por International Typeface Corporation [ITC] en 1976. Una caraeterística distintiva y curiosa es su leve inclinación de tres grados a la derecha.

Made in the USA
Middletown, DE
03 December 2024